JN439674

낙타를
끄는 여인

낙타를 끄는 여인

초판 1쇄 인쇄 | 2011년 11월 10일
초판 1쇄 발행 | 2011년 11월 15일

지은이 | 이 우 정
발행인 | 윤 영 희
주 간 | 이 은 별

발행처 | 도서출판 동행
출판등록 | 제2-4991호
주 소 | 서울시 중구 을지로 3가 302-18 난빌딩 303호
전 화 | 02-338-2734, 2285-0711
팩 스 | 02-338-2722

ISBN 978-89-94227-39-9 03810

정가 10,000원

낙타를 끄는 여인

이우정 시집

첫 시집을 내며…

문인의 길에 들어와 첫 시집을 출간합니다. 문학은 조금 먼 나라로 생각했는데 여기까지 오게 되었습니다.

잊어버릴 것과 남겨두고 싶은 것들을 시에 담아
내 안의 작은 마음을 열어봅니다.
온갖 만물에게 그리고 나에게 메시지를 던지며
문인의 영혼으로 눈을 떠 세상을 바라봅니다.

한 편 또 한 편의 시를 쓰다 보니 우리 주변에 사랑할 만한 것들이 아주 많다는 사실입니다.

Contents

2 네가 너로 다시 태어나고 내가 나로 다시 태어나서

Contents

3 가을 하늘 아래서 잃어버린 시간을 찾아서

4 미지의 세상이 숨쉬는 세월의 뒤편에서 본 아름다운 구속

1

부활 그리고
아! 생명…
향기로운 길을 건널 때

부활

폭풍 앞에서 등불을 밝히고 있던 마지막 잎새
생명을 일으키는 바람 거세게 몰아보았더니
세상 꽃들이 울고 웃는다

오늘 내가 죽고 네가 사는 것이 무슨 소용 있으랴?

아니다 그것은 아니다

가을날에 초련(初戀)*을 더듬는 듯
쓸쓸히 떨어지는 낙엽을 보면
슬퍼하는 여인은
이별의 아픔을 아는 것일까?

비오는 날 감상에 젖어 울리며
가슴 에이게 하는 노래 가락에
한숨짓는 남자는
사랑의 슬픔을 보는 것일까?

아니다 그것은 아니다

어떤 인생이 처마 밑에 떨어져 있는 것이다

빨갛게 마른 낙엽이 빗물에 묻혀
당신 가슴으로 날아올 때에

우리는 부활의 생을 꿈꾸어야 한다!

비가 내리는 동상을 바라보며
눈물짓지 말아야 한다

비가 오고 눈이 오는 날에도
동그란 시계가 돌고 부활의 세상이 돈다

돈다!
온다!

부활을 부르는 세상이 온다!

* 초(初) : 처음 초, 련(戀) : 사모할 련

겨울 이야기

눈밭의 시간은 비행선을 타고
우주로 날아가지 않는
수호신이다.

빙하의 인연으로
새겨진 그대여
오!
그대로 멈춰 있어라.

새벽 편지와 저녁 일기가 오늘의 굴레에서
너를 잡고 놓아주지 않는다고 했다.

하얀 꽃들이 천지에 피면 강바람이 설레어 불면
눈꽃되어 너에게 가고 싶고 흰 눈길을
너와 함께 걷고 싶고
그러다 끝내 빙하가 돼버리고마는
한 조각 수정의 얼굴은 너였을까?

꽃이 웃는다.
풀이 웃는다.

서산의 해는 불이 되었다.

금관의 코스모스

높은 산 나비들이
허공을 벗어나고 있는지
청중의 소리를 안고 이상으로 올라갔더라.

그대 인생의
자줏빛 술잔은 정녕 없단 말인가?

순수철학을 동반하는
여신과 함께
저 맑은 창공을 향해 달려갔더라.

사랑의 전령사와
우정의 사령들을 머물게 하는
그리움은 저 아래로 내려 왔더라.

그대 안에서
한 세상 첫 사랑이 웃고

산들바람이
아름다운 여정으로 산책하는지
만남과 이별에 실린 시름 다 버리고
금관의 코스모스를 쓴 모습이 행복하더라.

아! 순수로 감금된 금관의 코스모스여!

청명한 하늘을 가르며
소명의 씨앗으로 승천하여라.

아! 순결이 담기는 금관의 코스모스여!

신비의 나비들이 천사의 시를 쓰면서
그대 곁에서 떠날 줄 모르고 있더라.

아! 생명

왜냐고 묻지 마라
네가 좋았다

이유 없이
까닭 없이
돌고 도는 인생이 좋다

옆에 있을 때
곁에 없을 때

틀림없는
행복을 바래

너에게
가는 길이 종점이니까

학

고풍스런 날개 감추는
하얀 소복 입은 여인은 아니다.
고독에 젖은 한 폭의 동양화였을까?

멀리
아주 멀리 앉아서
혼자
아주 혼자 있어서

강물엔
춤추는 물고기
산에는
잔잔한 산꽃 나무들

새하얀 학으로 될 때가 있다.

그 고기도
그 나무도

새하얀 학으로 될 때가 있다.

그대와 함께할 동안에

그대와 함께할 동안에
다른 사람을 동행하지 말아야 할 때는
누군가 같이 있음으로 해서
이중의 슬픔이 와버릴 때다

슬픔의 끝은
미리 예견할 수 없는 관계로
혼자만의 아픔이
오히려 득이 될 때가 있다

그대 몸이 앞에서 걷고
나의 몸이 뒤에 있어도
한 사람 끝에서 살아가야 할
하늘의 인연이여

아~!
그 산… 산으로 그 강… 강으로
우리가 동행한다면

왜 아니 된다고 해야만 하나?

지나간 아픔들이
정화의 물결로 돌아
가슴으로 달려드는 순간

오!
밝은 세상이여! 카타르시스여!
나의 주인이여!

아~!
그 산… 산으로 그 강… 강으로
우리가 동행한다면
왜 아니 된다고 해야만 하나?

슬픔이 가신
마음이 앞으로 오면
행복이 어린

가슴이 옆으로 가서
성심의 불빛들이 온 사방을 날아다닐 때

아~!
그 산… 산으로 그 강… 강으로
우리가 다시 동행한다면
왜 아니 된다고 해야만 하나?

낙타를 끄는 여인

고뇌의 바람이
한 여인의 두건을 벗겨 던지고
심중의 정수리를 갉아먹으며 영혼을 안은
그림자마저 빼앗아
목마른 사막으로 도망쳐 버렸다

구도자의 변명에
눈물을 삼키고 여명(餘命)*에 떨던
그녀는 씨앗이 된 그림자를 찾으려
낙타를 끌고 용감히 길을 나섰다

사막 길에 오르며 오장을 조이다가 쓰러져
섭씨 백도로 오열하는
모래밭에서 발바닥으로 눈물이 흘렀다

무엄한 바람 속을 맨발로 걸을 때
저승바람이 코로 입으로 목으로
희뿌연 안개되어 숨통을 조이려는 순간

오아시스가 손짓하는 영광은 환희였을까?

아아아~~ 침묵의 강이여!
생명의 불꽃이여!
오아시스여!

사막의 강물 속에 던져진
그림자의 흔적이 보이지 않자
그곳에 몸을 엎드린
여인은 끝끝내 얼굴을 들려 하지 않았다

낙타는 그녀를 기다리다가 이십년이 흘렀다

"네가 오지 않아 혼자 갈 수 없었어!"

낙타의 등에 기다림의 흔적으로
두 개의 강산이 피었다

아무 대답도 할 수 없었던 여인은

그림자의 눈물을 붙잡고 허리를 들려는 순간
그림자는 그 여인을 품고
낙타의 심장으로 홀연히 날아들었다

낙타는 걸음을 걷기 시작했다

오아시스에는
평온하게 바람이 불고
잔잔한 정적이 울리고 있었다

* 여(餘) : 남을 여, 명(命) : 목숨 명

물소리

용광로에 불타올랐던
적멸의 꽃들이 믿음 속으로 승천을 한다.

칠정에 빛나는
감정의 옷을 벗기고
용의 울음 속을 헤치고 있다.

이상의 날개를 펴는
감성의 나래를 태우는
낮은음자리표의 울림 그 소리
사랑의 계곡으로 물이 되어 흐르는 오늘

낮과 밤
그 사이에
생의 꽃들이 살고 화병의 일생으로 죽어도

물소리는 뜨겁게
하늘에서… 그리고 땅에서…

이 유

하얀 물 위에
발자국을 남기며 끝까지 걸을 수 있는 까닭은
그대 그림자 때문입니다.

새빨간 단풍잎이
마른 입술로 갈라지는 것을 죽어도 볼 수 없는 까닭은
그대를
너무나 사랑하기 때문입니다.

강물에 떠내려가는 낙엽을
짧은 손을 내밀어 애써 붙잡아 보려는 까닭은
아직도
그대를 기다리기 때문입니다.

젊은 날의 추상

10월의 가슴으로 안은 너의 영상
아련한 밀물이고 썰물이어라.

지난날 귀감어린 아차산 수수꽃다리
연분홍 언약으로 아름다운 추상(追想)*이 핀다.

소슬한 연민의 가을이던가?
청아한 기풍의 봄이던가?

너를 떠나고
기어이 애석한 미련이 오면
다음 풍랑으로 절대 기약하지 않기로 하라.

돌담 건너 비옥한 꽃 아래 저 아래서
라일락 풍월이 또 사뿐히 걸을 때
사랑의 심장으로 다짐하여라.

신비한 녹색지대에 융성한 사랑이 물들고

추락의 눈물도 갔다.

서러워 마라 어서 걸어라 노래 불러라

젊은 날의 추상
가을의 문밖으로 걸어가려 할 때에
몹시도 그리워지고 눈에 박혀서 맘에 들어서
하나의 천상 인연으로
높이 걸었다고 탓하지 마라.

*追 : 쫓을 추, 想 : 생각할 상

거울

맨손의 바다에 적막한 밤이 울었다.

새벽 달 아래 이슬에 앉은 꿈을
기쁨 반 슬픔 반으로 나눈다.

그대와 내가 담아가는
인생 전반의 거울이 인형이 되어 노래를 한다.

그대 모습은 나의 탈
나의 모습은 그대 탈

하나가 아니어서 하나이기를
둘이 아니어서 둘이 되기를

그대 모습은 나의 탈
나의 모습은 그대 탈

흐린 날의 영상

비가 내리는 날에
참새의 노래
창문을 두드립니다.

솔 나무 비목이 된 붉은 장미를 따라
오늘도 비가 내립니다.

아름다운 들길
활력의 바람에 휘날리는 물결

흐린 날의 영상
울려 퍼지는 날에도
말간 샘물이 솟고
개인 하늘은 푸르기만 합니다.

올가미

갈 길이 있어도
너무
서두르지도
그렇게
늦어지지도 않기를…

그대 마음과 내 마음을
하나로 단단히 묶어
오래도록 감당해 갈 수 없다면
사랑의 올가미가 된다고 하네.

눈에서 멀어지면 마음마저 멀어질까?

항상
곁에서 지켜주는
그대와 나의 사랑

오늘
이 시간 속에
그대가 있고 내가 있으니

엿장수

맘대로
일기가 시작되었다.

너 알고 난 후에
그대 떠나 가기도 전에

영글어 가며
활짝 핀 도로에
도달하는 엿장수의 갈 길에 서서
구속 없는 하루가
누구의 마음이었는지 알릴 필요는 없다.

삐걱거리는 문소리
달리는 역마차
초가지붕에 매달린 조롱박을 연상하는
낭만이랄까?

네 맘대로

그대 맘대로
엿장수 맘대로

흥부는 이웃이고
놀부는 아웃이다.

에덴동산

꽃사슴이 뛰놀던 들녘에는
저 하늘에서 창세기 풀잎들이
목마를 탔고 메밀꽃 아름답던 시절

해안선의 물고기 춤추던 바닷가에서
백마의 발소리는
도시의 낭만으로 출렁거렸다.

해님이 방긋 웃는
천고마비
별과 달이 이슬 뿌릴 때부터
꿈에 그리던 에덴동산은 살아 있었다.

모든 것이 오고 가는
그 시간 속에는
향기로운 만물들만 가득 있었다.

네 잎 클로버

녹색 칼라의
사진첩 안에서
반짝이는 인생이 너를 부른다.

짧지도 않는
인생의 창에
신앙의 문이 하나… 둘… 열린다.

그때 여름날
강물 안에서
너의 마음을 수놓을 웃음보따리

토끼풀 속으로
걸어가는 병아리 웃음에
행복의 기도가 핀 너의 사진

동심(童心)의 세계

아름다운 무지개
쏴아!
아른거리는 날에
전율로 밀려오는 동심의 마을

또랑의 물이 마를 때쯤에
소나무 무성한
그 오솔길에서 흥겨운
새소리 리듬으로 발걸음을 맞춘다.

구불구불 외길 멀리서

초가 지붕이 보이면
기와 지붕이 보이면

검정 꼬까신에
마음껏 두 발을 높이 들 때는
한 가닥 시름도 모를

그저 살랑거리는 바람이 좋을 뿐이었다.

흙냄새
물씬 나는 야트막한 야산에서
초록빛 풀
그 동산의 세계 속으로
하늘을 우러르는 기다리는 여심이여!

생명과 영혼은 하나

정신이여
행복이여
생명이여

통일하여라.

네가 거기 있기에 나도 거기 있었고
너와 나의 이름이 반드시 일어나는 한 지점이었다.

그림자여
사랑이여
영혼이여

함께 하여라.

네가 웃고 있기에 나도 웃을 수 있었고
너와 나의 그림자가 반드시 걸어가는 한 길이었다.

환골탈태(換骨奪胎)

존재감이 술렁거린다.
너에게
신의 저주와 행운이 함께 걸렸다.

날마다
탄생하는 알맹이는 웃고
그렇게
죽어가는 껍데기는 운다

성광(星光)의 마법으로
생사(生死)의 비늘 벗기려 한다.

잃어버린 영혼의 안장을 찾아
4차원 세계가 사향(思鄕)의 빛으로
절박하는 너였더라도
바람은 바람이련가?

백년 세월에
천년 세월에
껍데기는 가고 알맹이만 남았다.

인지상정

당신은
나의 슬픔
높이가 흔들려요.

미안해요

생명이라 말하는
한세월
차디찬 이별이 기다릴 것은 인지상정의 길

가당치 않는 예고나
준비가 없던 시련의 정거장이 눈물바다라 해도
약속한 바람이든 허울이든
내게는 정말 향기로운 길이었어요.

바람 불어
좋은 날 장미꽃 축제를 열고
폭풍우 몰아치는 그때

자홍색 꽃이 살풀이를 하는 전쟁판에서

하나의 얼굴은 나였고
하나의 얼굴도 나였어요.

그렇다 해도
정말

미안해요

생명의 찬가

당신만의 사랑으로
이 세상에
머물렀으면 좋겠네.

오래도록 한 사랑으로
그 세상에
머물렀으면 좋겠네.

허허벌판에 나가도
허허바다에 나가도

하늘에 뜬 구름으로
파란 세상을 보며 날아다닐 수 있게

영원한 분신이 되는
당신 닮은 당신의 그림자 되어
눈 감고 있을 때까지 그렇게 머물렀으면 좋겠네.

詩
2
네가 너로 다시 태어나고
내가 나로 다시 태어나서

네가 너로 다시 태어나고 내가 나로 다시 태어나서

시간이
영혼으로 느껴질 때
너의 꽃은 떨어지지 않는다

절망이 올수록
강건한 믿음을 배워
작별의 순간에 사랑의 깊이를 안다

누군가 무엇을 물었을 때
절대 살아날 수 있는 꽃으로 대답하여라

네가 너로 다시 태어나고
내가 나로 다시 태어나면
믿음을 주는 결정(結晶)*의 향기는 핀다

네가 너로 다시 태어나고
내가 나로 다시 태어나서
눈부시게 갈 수 있는 꽃으로 길을 열어라

* 결(結) : 맺을 결, 정(晶) : 밝을 정

안압지의 밤

저 하늘 위에 달빛이 내려와
연못으로 흐르는 밤에
떠나지 못하는 그리움 그물에 잠겨
한 모습 드러내는 순간에 너를 그린다

아! 너였단 말인가?

너를 안고
가지도 못하고 잡지도
못하는 마음이어라

그립다고 말하면 아쉬운 작별
돌이킬 수 없는 시간
이미 멀어져 가도
보고 싶다 말하면
행여 네가 걸어나올 수 있을까?

안압지의 밤은 깊어갈 줄 모르고

기다림이 치올라
화려하지 않을 수 없는 불빛으로
너에게 하얗게 날밤을 밝히며 선다

아! 너였단 말인가?

너를 보고
가지도 못하고 잡지도
못하는 마음이어라

* 안압지 : 문무왕 14년(674) 신라왕궁의 별궁 터. 경북 경주시에 있음

가을 여자

가을을 기다리는 여자에게
크게 슬퍼하지 않으면 아니 된다고
억지를 부리면 마음이 아프다

봄을 기다리는 여자와는 달라서
낙하(落下)*하는 가을 바람을
적시며 가는데 눈물을
흘리지 않으려 하기 때문이다

진실한 슬픔이 없어서가 아니라
서러운 아픔을 몰라서가 아니라

가을 여자는
생각하는 갈대를 닮았기 때문이다

한 잔의 차를 마시며
하늘을 바라보는 가을 여자
또 한 잔의 물을 들이키며

먼 산을 바라보는 그 여자

속가슴 아리게
스치는 진한 갈등을 인내했을지도 모를
가을 여자는 그대일지도 모른다

오늘 그대가
미소를 안고 있는 가을꽃을 한아름 따서
천만 걸음 노을 속에서 걸어 나오고 있었다

가을 여자는
생각하는 갈대를 닮았기 때문이다

* 낙(落) : 떨어질 낙, 하(下) : 아래 하

여명(黎明)

지는 해는 다시 뜬다

가는 세월은
물처럼 흐르고 그 시간은 바람으로 간다

네가 있어
그대가 보이고 당신이 걷는다

저 산 너머에 여명(黎明)*이 걸린
하늘에 주홍빛 노을
너의 인생을 그리워한다

가는 해는 다시 오지 않는다

오는 세월은
별빛으로 흐르고 그 시간은 너에게 간다

* 여(黎) : 남을 여, 명(明) : 밝을 명

겨울나무

동반자
다 떠나도
여기 서 있어야 한다

그래야 하기 때문에
그 겨울에
꼭 가야 한다는 것을 알기 때문에

잠시만
그리워하고 외로워하자

눈물이 아파하니
고요를 깨뜨리니

동반자
모두 와도
여기 서 있어야 한다

갈 수 없기 때문에
그 봄에
꼭 와야 한다는 것을 알기 때문에

너에게

언제가
칠십 세까지 살고 싶었다
누군가도
그 앞에서 그랬다

지금은 아마도
백세까지 정정하게 사는 것은
이미 따 논 당상일 것이다

이대로 갈 수 있다면
그대로 있어 준다면

양동 한옥마을에
육백 년의 향나무가 푸른 옷을 입고 서 있었다
목단꽃 피는 화단 앞에서

문필봉의
빛나는 서약을 받으며

손소의 영혼을 기리며
정겨운 한옥마을에서 천년을 더 살라고 한다

너를 보며
지금 너에게

* 경주 양동 한옥마을에는 향나무가 살고 있다. 세조 2년(1456년) 손소가 집을 짓고 심어 놓은 향나무가 우아한 자태로 파릇하게 살고 있다.

자화상

한 번도
가보지 못한 길에서
너를 보고 있었다

두 번 다시
돌아오지 못할 길에서
사랑한다고 말하지 않았다

네가 눈물을 흘리거나
네가 아파할 때보다
더 서러운 것은 없었다

너를 보고 있을 때

날마다 깨어나 있기를
소망하지 않았던 적은
단 한 번도 없었다

만 추

새싹이 잉태하려는 것은
단 한 가지 희망이었다

능금이 익어가고
감이 빨갛게 열린 뒤에
휘황한 늦가을은 만추다

무엇 하나 부끄럽지 않을
선망으로 늙어가는 여자
볼그레한 연지를 볼에
일으키는 너도 만추다

가을날의 영상이
보랏빛 코트 자락에서 하얀 머릿결로
휘날리는 그때는 만추!

슬픔을 벗어놓고 아픔은 비껴가는
제2의 황금기로

그때가 우리의 절정이라고 누가 말했나?

열두 마리 새가 하늘을 날고
서른여섯 마리 나비가 날개짓하는
신작로 길에서
아니야! 만추는 고독이야!

그렇더라도 너는 기다렸듯이
누구한테 건 다시 오고야 만다

누군가 죽어가려는 찰나에
피어나는 희망도 만추다

나침반

비가 내리면
일만의 배수만큼 행복이 올 것이라고
미리 체면을 거세

아득히 먼 기억이라
한 줄 추억으로 왔다가 스친 거리라고
그렇게 체면을 거세

다람쥐가
도는 물레방아 길에서
있을 수 없는 일이란 무엇이던가?

네가 가고 없는 길에서
너의 나침반이
강을 만날지 바다를 건널지
아무도 모르는 일이로세

실가지 시냇물에서
넉넉한 바다가 웃을 때까지
그런 체면을 거세

그렇기 때문에

언젠가 그대가 온다
그렇기 때문에

그 길에 서서
한결 푸른 소나무가 되었다

한 번쯤 너에게
사랑의 편지를 썼다가
이번에 영영
볼 수 없는 길에 도착해 있더라도

그 길에 앉아서
한층 푸른 소나무가 되었다

언젠가 떠나야 한다
그렇다 하더라도

마르지 않는 향기를 뿌려라!

그런 풀잎 향으로
소스라니 빚어낸 세상에 단 하나밖에 없는
감나무 색 붓이고 싶다

너에게 가서
그냥 허탈감에 빠져 죽었더라도

잿빛에 남아 있는
영혼을 살려
너의 얼굴 하나 꼭 그려야 하는

마르지 않는 향기를 뿌려라!

그런 풀잎 향으로
소스라니 빚어낸 세상에 단 하나밖에 없는
감나무 색 붓이고 싶다

남자의 향기

가을철 바삭한 갈잎으로 처량한
바람을 따라 날아가는 것은 아니다

변함없는 초록 잎을 물고 있는
지상의 향기와도 같이
영원히 존재하는 것도 아니다

하늘을 향해 있는 고독은
또 아니라고 해서
어쨌든 양(陽)의 모습은
씁쓸 다양한 형체만은 또 아니다

낯선 땅… 음(陰)의 향기가 아니라
옆으로 걷는 게걸음이 아니라
익숙해져 있는
어떤 손을 잡고 가는
하늘이라 일컫는 양(陽)에게서
적어도 사랑의 아픔이 있다고 할 수 없는데
꼭 그렇지만은 않을 수도 있다

남자는 천간 여자는 지지라고
오래 전부터 명명해진 것으로
남자는 하늘 여자는 땅이다

하늘로 지명된 양(陽)은
야누스고 카멜레온으로 여러 얼굴일 수도 있다
따라서 양(陽)은
하나의 모습을 확연히 드러내지
않을 경우에 땅으로 지명된 음(陰)에게
때로는 눈물의 파수꾼이 되기도 한다

너는 눈물인가? 아니면 향기인가?

신선의 틀에서 속세로 내려와
한 사람 남자가 되었을 때는
그도 때론 연약한 여자로 변해
눈물을 흘린다는 것이다

너는 남자인가? 아니면 여자인가?

해와 달, 남과 여, 앞과 뒤…

이렇듯 수많은 양과 음들은
세상 속으로 퍼져가면서
조화로운 배경을 이루며
상생(相生)과 상극(相剋)*을 이루며 간다

한 여자가 본
한 남자의

진정한 매력은
남자의 눈물이 아니라
인간의 향기라고 누가 그랬을까?

* 양(陽) : 볕 양, 음(陰) : 응달 음, 상(相) : 서로 상
* 생(生) : 날 생, 극(剋) : 이길 극

벚꽃 축제

그대 곁에 별 있자나요

예쁜 모자 눌러 쓰고
그려 가야 할 수 있는 자태는 예술

청미한 꽃들의 축제

동행의 갈채에 취한 사랑은
그림자 행복을 부르고 있죠!

하얀 미소가
일궈낸 뜨락의 기쁨

누가 막을 수 없어요

불

너 없을 때
한없이 적막한 어둠으로 간다

눈 가린 세상
마음으로 불을 당겨라!

한 소절 두 소절 귓전에 박히는 노래
꿀꺽~~ 꿀꺽~~
찻잔 앞에서
달밤을 들이키다 아픔이 아니라 한다

너 없을 때
한없이 날 밝은 태양이 그립다

광활한 대지 위에서
두 팔을 높이 뻗어라!

쓰라림 한 점도 모두 잠들은 자정

깜빡~~ 깜빡~~
술잔 앞에서
일출을 기다리다 슬픔이 아니라 한다

멍

가면서
오면서
갖고 가는 또 하나 그럴싸한 이야기

눈물도 재가 되어
논밭 두렁에 뿌려지는 기름진 밑거름

돌 던지는
장대비 날리는
고양이 탈 쓴 보약 같은 존재라면

누가 웃을까?

정상에서 그리고…

공허한 것도 소중하다

드높은 정상에 올라
명공의 작품으로 내려다뵈는
민첩한 설계에
물 좋은 바람이 떴다

대지는 가면이 없다
허물을 벗어버린다
물질 소리가 들린다

생명 속에 비추는 사랑
영혼으로 마음으로 흐른다

아수라 백작

공일도 아닌데
집에 가란다

비상의 나래가 펼쳐졌는지
비애에 젖은 생명들이 울고 있는지
아수라 백작과 부시맨들은
알지 못하는 일이었다

다음날 그 사거리에는 양팔을
걷어 부치고 이성을 잃은 막차부대와
행렬하는 인파들의
열기가 아수라장이었다

와와와~~
우우우~~

휘황(輝煌)*했던 그 도시의
먼지 소굴 속에서
두 명의 부시맨이 입을 벌렸다

와와와～～
우우우～～

한쪽에서 피 끓는
불개미 떼로 황량(荒涼)*한 길을 걷고
또 한쪽에서 목말라
부셔터진 폐기물 버스에 몸을 실은
장정들이 속이 터져라
주먹질하는 순간에

"아수라 백작아!"
"내 자식 내놔라! 내 아들!"
"독재정치는 물러가라!"

그렇게 붉고 굵은 흘림체가
실낱 같은 핏자국을 내린 채
부시맨들의 눈앞에 클로즈업되어
쌩쌩 달리며 갔다

"독재가 웬말이냐!"
"아수라 백작아 물러가라!"
"두렵지 않느냐?"

와와와~~
우우우~~

피흘리는 글자들이 줄줄이 달리자
십칠 세 부시맨들의 청춘과
뇌리가 멍하게 강타당했다

아수라 백작이 누구야?

와와와~~
우우우~~

가슴 밑창을 뚫을 듯한
매운 독기가 그들의 별당 광장 앞에서
콧날과 눈알을 톡 쏠 때 이판사판
공사판 현장의 쓰라린 눈물이 죽었다

그때 갑자기
누군가가

탕~! 탕~! 탕~!

우글우글 함성 소리
놀라 흐르는 뒷걸음질
떠밀려 구르던 여학생 교복

오월의
땅에 억수로 비를 쏟는다

남쪽 저 하늘 위에서
제대로 한이 서려 금괴가 운다

해야! 해야! 솟아라!
해야! 해야! 솟아라!

* 휘(輝) : 빛날 휘, 황(荒) : 거칠 황
* 황(煌) : 빛날 황, 량(凉) : 서늘할 량

詩

3

가을 하늘 아래서
잃어버린
시간을 찾아서

갈 등

음반 위에 빛나는
손으로 불평을 건네지 마세요.

행여
그대를 채찍질할까 두려워요.

책망
해본들 무슨 소용 있겠어요.

가을 하늘

어쩌면
다 듣고 있는지 모른다.

멀리서
아주
끝에서

멀고 높은
하늘의 대답 소리를 보고 있는지 모른다.

서로
가까이 있지 않아도
그렇게
통할 수 있게
펑~펑~ 뚫어놓은 하늘빛에서
시원한 종소리를 듣다가
쓸쓸한 심상의 밧줄 버리고 가는지 모른다.

나는 이편에서
그대는 저편에서
침묵으로 듣고 명상에 잠기다가

다음
그 다음 이야기 하고 있는지 모른다.

그 시간이 지나 그리고 어느 날

투병의 끝에서
무슨 할 말이 있겠습니까?
여하튼 건강해졌다는 사실에 감사할 따름이죠.

그때가 약속했다는 말이 무슨 소용 있겠습니까?
지금 이렇게 건재한 현실이면 행운이 아닐 수 없지요.

당신도
제발! 건강하십시오!

너의 손이 닿지 않는 곳에서

시들지 못하는 꽃이여
허물어지지 않는 마음이여

저승사자를 모르는 계곡이여
나약하지 못한 가슴이여

너의 손이
닿지 않는 곳에서

비열하지 못하게 떨리는
강인할 수밖에 없는 가슴이여

이승의 밥상이여
세포의 여신이여

너의 손이
닿지 않는 곳에서

봄날의 숨결로 축배를 들자

심연의 노을이 지는 거울
하늘에 닿는 마지막은 봄비
강물에 투영된 너의 사진에
빗방울이 쓰러진 고해의 땅 물
어디로 가나?

목마의
추억으로 가슴을 열고
봄날의
숨결로 축배를 들자!

바다와 산에서
축배의 바람이 분다.

밤별을 헤이는 밤
하늘까지 걷는 회색빛 그림자
강둑을 걷는 너의 이름에
얼룩진 상처의 애수

어디로 가나?

하늘과 땅에서
축배의 빛들이 뜬다.

뜨거운 맛

불난데…
부채질하지 마세요

뜨거운 맛…
볼지 몰라요

무지개

유리수의
희망봉에 생존자의 기적이 운다

인류의
거대한 유리문 밖에서
쎄븐의 기틀로 청공에 서서

그 순간
영혼으로, 행운으로
새로운 인류를 붙잡고

쎄븐~
럭키!!!
쎄븐~

감동의 하늘 아래 그대 사는지

사랑을 찾은 메아리

앞 산의 메아리
울려 퍼지는 날에
심장을 울리는 감동이 아닐 수 없습니다.

논두렁, 밭두렁, 연초록 연못에 쌓여
비에 젖은 바람은 고요하고
쟁기질이며 삽질이며 김매는 아낙 어디 갔는가?

오!
산울림이여
사랑을 찾은 메아리여

사월의 향기

그대 미소 그리운 사월
지난 동화의 거울이 온다.

하얀 백목련
담장 아래서 신록의 촛불을 켠다.

길 잃은 새들이
하늘의 문턱에 서면 푸른 문이 열리고
잠들었던 호수 눈을 뜨면 사월의 향기도 눈을 뜬다.

한 겨울 동상으로 달구어진 샛별
울창한 숲으로 돌아오면 사랑의 진달래 피고
계곡의 춤사위 따라 바람결에 발 담그는 소리 정겹다.

여인의 계절이라 약속한 여름날
아카시아 향 곱게 흐르는 숨결 사이로
산장의 미소 살며시 떠오른다.

새들의 합창

잔혹한
사막 길에 횃빛 안개 걷힌다.
불멸의 대지 위에서 날개를 펴라.

푸른 흙을 밟고플 때가 있다.
마른 갈대로 부서지고플 때가 있다.
참된 사랑이 그리울 때가 있다.

흔들의자에 앉았다.
안락한 의자에 누웠다.

빈 자리에
초연(初演)한 의식 담아둔 것으로
번뇌를 마시는 나그네여!

매몰찬 바람이 돈다.
작은 풀씨들의 맹렬한 질주가 돈다.

새…
참새…
파랑새… 모여든다.

양지바른
들녘의 쉼터에서
새들의 합창 채우는 자리
가다가 다시 오면서

애수(哀愁)

달그락 찻잔에
담겨지지 않는 심연의 물이
빗물 속으로 가면 힘을 얻는지 모릅니다.

사랑이 있는지
아직은 모릅니다.

고독을 마시는
코스모스 향기 창가에 기대어
바람이 불어도 그대로이기를 소원합니다.

사랑이 있는지
아직도 모릅니다.

애수의
눈이 내리는 언덕의 등불 하나가
나의 눈을 밝힙니다.

까닭 하나
있는지 알 수 없습니다.

실바람이
불고 가는 애잔한 노래가
나의 귀를 밝힙니다.

사연 하나
있는지 아직도 알 수 없습니다.

상실의 시대

가진 것 다 주어도
모자라는 길

심봉사 얼굴로
거닐며 갈 때
산산이 불어오는 상실의 바람

모든 것 다 빼앗긴
허상의 구름

칠흑의 창에 핀
붉은 그림자
알알이 걸어오는 상실의 경험

삼손이 손을 들어 세상을 밝히고 갑니다.

애정이 꽃피는 길목

당신을 그리는 동경의 나라에
함박눈이 내리고 있었습니다.

비바람 불고 눈보라 쳐도
한 송이 꽃을 피우려는 열망 때문에
슬퍼할 수 없었습니다.

애정이 피는 길목에서
존재하는 것들에 축복의 잔을 들며

바다에 내려앉은
파란 영상으로 한마음
추억의 조약돌을 새기며 오늘도 달려갑니다.

전설의 사랑

넌 나의 영원한 해바라기
너와 내가 천상에 가는 그날까지
단 하나 내 사랑이었어
오! 나의 천사여 하얀 날개를 펴라

난 널 잊을 수 없어
난 널 지울 수 없어

전설의 내 사랑
결코 버릴 수 없으니까

너 없이 깜깜한 밤에 내가 떨어지면
누군가 내 사랑 앞으로 나를 올려주곤 했었지
정말이야 사실이야 거짓말이 아니야
전설의 내 사랑이
너뿐이란 걸 이제 두 번 다시 망각하지 않겠어
믿기지 않는 진실로 널 유혹해야겠어
미안해 할 수 없어 이미 정해진 운명이라 말해봐

넌 나의 영원한 해바라기
너와 내가 하늘의 명으로 손잡는 그날까지
오직 너만 바라보고 갈 거야
오! 나의 천사여 하얀 날개를 펴라

난 널 보낼 수 없어
난 널 떠날 수 없어

전설의 내 사랑
절대 놓칠 수 없으니까

언덕

아름다운 산야에
어여쁜 새들이 조롱조롱 이슬을 머금는다.

낮밤이 교차하는 시간은
오렌지 불빛이 되었다.

푸른 강산에 소담한 꽃들이 피었다.

너로 하여금 유혹의 불씨를 낳고
너로 하여금 행과 불의 동전을 잃어버렸다.

비바람 불어간 후에 해 뜨는 언덕
낙엽이 흩날리는
가로수 길에 사랑의 꽃들이 핀다.

용기 있는 자여

사차원 늪지대로 누군가 빠지면
늑대가 떼거리로 몰려온다.

너는 가거라!

물고기들이 숲으로 나오면
이리떼 동아리로 날아온다.

너는 어서 가거라!

미물이 깜박거릴 때
주검이 출렁거릴 때

여우는 발을 높이 들고
사냥하러 뛰어온다.

너는 어서 빨리 가거라!

산자는 절망하지 않는다.
그러나
죽은 자는 두려움이다.

용기 있는 자여!

어서 뛰어라!

푸른 잔디

그보다 더
널 이해할 수 있다면
어쩌면 크나큰 기쁨일 거야.

너의 빛나는 창에
존재의 꽃으로 전하여
무엇 하나도 의미로 승화될 수 있다면
아마도
가슴 벅차는 행복일 거야.

생 앞의

눈물이 뛴다.
기쁨도 뛴다.

그 반만이라도
적당히 놓고 갈 수 있다면
죽어도 그 사랑 영원할 거야.

생 뒤의

아픔이 뛴다.
행복도 뛴다.

아!
푸른 잔디여

칼이여~ 무기여~

불꽃의 육신으로
피 흘리는 의리의 심장이어라

인정사정없는 도심 복판에
정의를 불태우는 사자이어라

한 번의 용서와 두 번의 자비와
세 번의 인내로 너의 칼날을 세워라

오!
칼이여~ 무기여~
저승사자의 발길을 돌려보내 주세요

오!
피 묻은 비난이여~ 반란이여~
수억 개도 넘는 공작새를 제발 살려주세요

파라다이스

연인들의 사랑이 오가는 파라다이스
아름다운 연가 느리게 걷고 있었다.

천국이 아니어도
무릉도원이 아닐지라도
그 마음은 오히려 낙원이었다.

그대 곁에서 외로워하고
그대 옆에서 서러워하고
그대 앞에서 아쉬워하면 아니 될까?

과거의 빗장을 열었다 닫아야 할 때를 알아
빛나는 기쁨이 달리고 있다.

그대와
그 길을 같이 달리며
물망초 피어나는 천국의 계단에서
우리가 언제나 함께 있었으면 좋겠다.

하얀 장미

그대를
아직도 잊지 못했습니다.

잊을 수 없는 가슴으로
하이얀 이름 백사장에 새기려 합니다.

생명이
다하는 날까지
항상
백지 위에 그려진 사랑 곁에서
그대와 함께 있었으면 좋겠습니다.

해바라기

붉은 신호등
거부하는
꽃이여

푸른 신호등
걸어가는
꽃이여

기다림에
지치지 않는 여인이여

사랑을
안고 가는가?

여인이여
누구를 기다리는가?

허무한 마음

사랑했거나 미워했거나 증오했거나
그리고 욕망이거나

갔다가 다시 올 수 있다고
비울 수 있는 마음

음…

소설의 주인공
신데렐라의 한때

흠…

신발들이 작동을 멈춘
그네 흔들리는 공간

음…

환상의 마차

7월 장마가
허수아비의 옷자락을 적십니다.

찢어진 우산을 접은 허수아비의 옷자락이
가을이 오는 마차에 앉아 있었습니다.

그때 연못 속의 개구리 울음소리에
젖은 풀들도 막연하게 쓰러지던 날
허수아비는 반짝이는 갈색 눈망울로 다짐했습니다.

솔밭길 그늘 아래서
그 비를 맞으며
허수아비는 우수의 등불을 내려놓았습니다.

개구리를
끝까지 지켜 줄 것이라고…

위대한 행복

살아남은 자에게 슬픔이 있다면
그것은 사치다

살아남은 자에게 슬픔이 있다면
그것은 욕심이다

살아남은 자에게 슬픔이 있다면
그것은 만용이다

살아남은 자에게 슬픔이 있다면
그것은 기만(欺滿)이다

살아남은 자에게 슬픔이 있다면
살아있는 기쁨을 모르는 것이다

무심코 살아있다는 것은
위대한 행복이 아닐 수 없다.

거짓말 사랑

비수의 날개
어디가도 찾을 수 없다.

만리타향
방황하는 방랑자여

채워지지 않는 마음이여
부패된 찌꺼기여
질투의 힘이여

오! 빨각 인형이여

풍만하지 않는 가슴이여
가식의 찌꺼기여
거짓말 사랑이여

여인이여
-검은 눈의 여인이여

이별이 걸어가려는 잣나무 길에
휘영청 밝은 달 구름에 가려도
고개 숙인 낙엽
밤 깊은 가로등 하나 외로워하지 않으려 한다.

여인이여
검은 눈의 여인이여

달 그림자
샛강에 떠오르는 밤에
미움이 멈추어 돌아가려는 그때
슬픈 언약식 흐린 날을 곱게 안고 있었다.

여인이여
검은 눈의 여인이여

과거 그 소녀로 올라가면
쓸쓸한 새벽 알 수 없을 때

새까만 오동나무 앞에 해만한 불이
소녀의 눈앞을 밝혀주다 사라지며 남긴 말

아!
불이여
등불이여

고추잠자리

금단의

저울질이
너만의 아픔인가

향수를
부르는 날개여

그대는
방랑자가 아니다

상념의 탈
어서 벗어라

길

가는 길이 달라도
어차피
마지막은 하나다.

천 갈래 만 갈래

엇갈리는 길이 달라도
그래도
마지막은 하나다.

그대여!
지금 이 순간이
얼마나 행복한가?

그대여!
우리 그때
다시 만날 수 있지 않은가?

까마귀

기다림이 없는 만남도
가파른 언덕에서 길을 찾으려 하지 않는다.

만남과 이별에도
새가 되어 눈물이 없다.

까마귀 노래 소리
만취한 황제다.

詩
4
미지의 세상이 숨쉬는
세월의 뒤편에서 본
아름다운 구속

봄

만고의 세월 넘어간다
봄 해가 뜬다

고드름 장막이여
길을 비켜라

숲속의 매선 바람
봄의 새들 몰고 간다

차가운 손이여
길을 비켜라

엉겅퀴 메뚜기 먹구름 진흙 타고
죽음을 불사하다 이 길 찾아 돌아온다

억새의 가시여
길을 비켜라

버들잎 물들어도 잔설은 남아돌까

갈잎의 창이여
길을 비켜라

상처

왕거미
전산망은 바로 너였어

배고픈 물고기가 짝 잃은 철새가
악연의 옷을 벗지 못하여
유리 파편에 찔리고 말았어!

거기서
나를 택하는 날부터
여기서
너를 택하는 날부터

갈 길 가는
소임은 억울한 방황

벗어 떠나 버리세
던져 달려가 보세

간이역에 코스모스
누구를 기다리던가?

짝사랑

그대를 너무나 사랑하고도
그대로 다가 설 수 없기에
턱없는
사랑만 원망하고프다.

지워지지 않는 그 사랑이
아직도 가슴으로 돌면
단단한 대리석을 때리며
턱없는
가슴만 원망하고프다.

그대가
내가 될 수 없기에
이 마음
알아차릴 수 없고
내가
그대가 될 수 없기에
그 마음

읽어볼 수 없기에
턱없는
마음만 원망하고프다.

그대는 저 길로 가고 나는 이 길에 서 있을 때
그날 밤이 고동치면 칠석의 밤도 고동치고
먼 바다의 뱃고동이 나를 울린다.

사투(死鬪)

드라큐라 백작이 칼날을 세워
심장을 관통했다 싶더니
붉은 피를 마시고 가버렸다.

물…
피…
밥…
무엇이 먼저요?

구멍난 심장에 횃불 밝혀야 한다.
가슴에 십자가 절대로 그어야 한다.

사람…
영혼…
사랑…
무엇이 먼저요?

사랑하는 사람 곁에 있어야 할

사연이야 어떻든 간에
천사와 사자가 엮어내는 아스라한 동화는
해안선의 인어가 불어대는
구슬픈 피리소리일 뿐이다.

하나는 죽고
하나는 살았다.

해도 달도 없는 사막 같은 세상

암(癌)

세포의 날개
가닥가닥 정복하느냐?
피를 머금은
도깨비처럼 섬뜩하구나!

너는
생명의 줄을 끊는
어설픈 마왕

남 모르게 먹어 갈기는
비열한 덩어리
육체의 약탈자

떠나라 꺼져라!
죽어라 터져라!

만백년 축복일랑 빌붙지 말고
네 고장 암흑에 묻혀 살아라!

붉은 해가 떴다

명화의 손길이여
작가의 추억이여

화가의 나라에
그대의 손은 해가 되었다

탁월한
강물의 선택
유일하게 살아 있을 혼을 찾는다.

푸르른 대지 위에
붉은 해가 떴다.

비바람 쓸어 날린
햇빛촌에서
불보라를 보며
그대와 함께 달린다

미지의 세상

바다갈매기 청공을 향해 날아가는 날
그 아래서 명이, 진이,
영이, 철이… 그 이름들이 살고 있었다.

잃어버리지 못할
숙명의 나침반을 그어
붉은 노을이 물들고 귀뚜라미, 매미, 잠자리, 나비…
그 이름들이 가고 있었다.

보이지 않는 세상
하얀 구름을 깼다.

나무들이 일어나면 바람도 일어나고
풀이 누워
이야기할 때 새파란 하늘이 뜬다.

미지의 세상 볼 수가 없다.

오로라

보이네
들리네
스치네

아직은
유리알되어 투명하게
비추는 것은 아니었다네

분홍빛 파랑빛 노랑빛 빨강에 연두
연못 속에 피어나는 오로라의 연꽃 이야기
과거
현재
그리고 미래

열린 틈 사이로 펴져가는
빗소리 물소리 바람소리

역 행

너의 죄목이 무엇이더냐?

암(癌)입니다.

어찌하여 여기까지 왔느냐?

입이 길기 때문입니다

주리를 비틀기 전에
썩 물러 가거라!

수호신

가지 말아야 될 길을 가기도 할 것이고
서지 말아야 할 길을 서기도 할 것입니다.

막지 말아야 할 일을 막기도 할 것이고
먹지 말아야 할 것을 먹기도 할 것입니다.

당신은
정의의 칼이고 의리의 사나이랍니다.

당신은
자목련의 봄날이고 십자가의 영혼입니다.

소문

여보세요!

무슨 소리 들었나요?

천둥소리 들었어요.

파도소리 들었어요.

파편 깨지는 소리 들었답니다.

여보세요!

그것에 대해서
뭔 소리 못 들었냐고 물었는데요?

빈 소리 마세요!

아웃사이더

길이 있어도
거기로 가지 못하는 외길 인생

낙수에 떨어져
이러쿵 저러쿵 쇠창살 풀어 달라
한 맺힌 그늘

봄 처녀 사랑 빼앗은 진달래
볼그레한 그 모습은 밤안개 유혹의 밤

동에 번쩍
서에 번쩍
구천 떠도는 소리

이별

너의 일생에
몸 바쳐 목숨을 걸지는 마라

그때
황량한 들에서 봄이 오지 않는다고 해도
버팀목 위에 꽃은 피었다

싸늘한 고배(苦杯)마저
늪으로 밀어대는 날짐승이여

저렇게
한많은 세상에

그토록
속절없는 세상에

그때
영영 가버린 사랑으로 평온이 오지 않는다고 해도

밝은 아침을 맞는다.

한바탕 크게 울어나 보세

한바탕 크게 웃어나 보세

지진 해일

광란의 밤이 너였는가?
고열의 낮도 너였는가?

허름한 옷이 너에겐 없는가?

노민(勞民)을 휩쓸어 가는 그대여!
욕망을 구걸하는 노략자여!

지평선 나룻배에 희망을 걸지 말아라.

병아리 날개에 칼질하여
해를 삼키고 달밤의 악귀로 울렁이는 지진해일이여!
주인이 끝끝내 길을 잃었다.

바다야!
너는 알고 있느냐?

파도가
저토록 출렁이는 까닭을…

불 꺼진 창

얼어붙은 그리움
한겨울 사랑이 머물던
계절을 떠나
점점 더 멀어져 가네.

못다 한 사랑이
술잔에 젖어 비틀거리다
빗물로 걸을 때라면
불 꺼진 그대 창에 비추는 그림자

커튼 속으로 날려
사랑이라 하지 못하네.

아득히 부는 휘파람
기다림 홀로 서성이다
잠든 나절에
상실의 시대로 묻혀 져버린
그날의 향기

사랑은

사랑에서
슬픔이란 있을 수 없다.
영혼까지 들어가는 마음이 있다고 했다.

때문에
영원히 꺼지지 않는 불꽃으로
불굴의 의지라 했다.

사랑은
잡초의 무성함으로 있어야 하지만
장미의 가시가 되기도 하여
어떤 아픔도 마다하지 않는다 했다.

그리고
불로장생의 물이라 하여
믿음 그리고 정성, 성실로 인해
아름답게 들어온다고 했다.

스파이

몰래 카메라에
판독의 시선 쏘아 올려라!

너는 지금
특수 임명을 완수해야 한다.

낮달이 모르게 그의 흔적 샅샅이 뒤져
사냥개보다 빨리
비수를 찾고 높은 심산의 적을 소탕해야 한다.

초고속 질주를 쫓아 한없이 달려야 한다.
지구 끝까지 뛰어야 한다.

시간은 있다.
그러나
세월은 없다.

운명

갈 수 없는 나라는 없는 것이다.

마음을 다하여 가슴으로 가지만
맨발로 빈손으로 가는 길은 아니다.

그리운 것도 외로운 것도
어쩌면 운명이라지만 곡예사의 해탈이 있는 길이다.

열정이 넘치고
연륜이 쌓이고
가는 세월 모두 아름드리 청춘이 새겨져 있다.

당신은 꽃, 그대는 나비
그리고 바람…

꽃이 된 것을 나비가 된 것을
절대 후회하지 않는 이야기는
축배의 손길이 닿는 곳이다.

의문(疑問)

높은 하늘이다.

이상의 세계에서
날개가 없어도 좋다.

예초의 들판에
나이테도 없이 구름이 되어 날아만 간다.

검은 날개를 펼친
어미 제비 어디로 갔나?

작은 빛

신록의 창공에서
너의 그림자
초록 강변의 이슬이었다.

바람소리에 가슴 치는
너의 그림자
푸른 초원의 풀잎이었다.

낭만의 전등을 켜는
너의 그림자
바람 앞의 등불이었다.

한평생

끝까지
지워지지 않을 편지는 너였다.
다시
지울 수 없을 메시지도 너였다.

시계 꽃 한지의
전설을 긋는 사랑, 그리고 피땀어린 문자
시간이 갈수록 너의 편지가 가을 속으로 간다고 해도
오늘이 오기까지 회생(回生)의 비늘을 본다.

오늘은
너를 기억하고
내일은
너를 쓰고
한평생 세월이 가는 그날까지
메시지를 남기며 너를 추억하기로 한다.

병상의 진실

잘못되게 묶지 마라!

저승꽃들이 갇힌 감옥으로
어찌 안내하려느냐?

창백한 연민이 서린 심부 그렇게 많이도 뜯어 먹고
그것도 모자라 팔로 다리로 목구멍까지 덮치려는
사악의 덩어리가 진정 너였단 말이냐?

지옥탈 씌울래???

각시탈 쓰고…!!!

천국 갈 거야!!!

행복

안개 낀 공원에
누군가 보이지 않는 것은
운명도 마찬가지란 것은 아니다.

타고난 진실을
가지고 있는 잡초는
쉽게 눈물을 흘리지 않는 법이다.

달빛이 스민 적막한 밤에
귀뚜라미, 매미 노래소리
슬프지 않게 들릴 때

이름 모를 풀들은
괴로움을 모두 놓아 행복으로 가는 것이다.

■ 이우정의 작품세계 ■

어두컴컴한 빈방 같은 공허, 시를 통한 영혼의 회복과 다시 발견한 삶

이 철 호
(소설가, 문학평론가)

시는 곧 대화이다. 자기 자신의 마음이나 영혼과의 대화일 수도 있으며 타인들과의 대화일 수도 있다. 뿐만 아니라 자연이나 온갖 사물들과의 대화도 될 수 있다. 단지 입으로 하는 말 대신 소리 없는 글로 이 세상의 모든 것들과 소통하는 영혼의 노래라는 것이 일상적인 대화나 언어와 다를 뿐이다.

맑고 고운 언어로 세상 것들과 소통하고 모든 영혼들과의 순수한 만남이 곧 시다.

특히 휴대폰을 비롯해서 스마트폰이나 트위터, 컴퓨터와 e-메일 등과 같은 각종 문명의 이기(利器)들이 세상에 넘쳐나는 이때 우리 사회는 얼핏 소통이 잘되고 있지만 실상 우리는 소통이 제대로 되지 않는 사회 속에서 살고 있다.

차가운 기계문명 속에서 외형적인 접촉이나 접속만 만연되어 가슴에서 가슴으로 흐르는 뜨거운 인간애나 인간간의 따뜻한 정이 교류되는 마음의 소통은 오히려 상실되어 가고 있다.

그래서 인간들 사이에 보이지 않는 높다란 장벽들이 세워지고 소통의 상실로 인한 가족과 이웃, 세상 사람들과의 거리감과 단절 현상도 갈수록 심화되고 있다.

이런 삭막하고 암울한 현실 속에서 이우정의 신작시들은 마음과 마음으로 이어지는 소통의 가능성을 보여준다. 그러면서 생명력이 넘치는 맑고 순수하며 정제된 언어들로 우중충해진 우리들 마음의 벽을 도배라도 하듯 새롭게 단장해 준다. 낡은 벽지를 걷어내듯 우리들 마음속에 덕지덕지 붙어 있던 낡고 상투적인 인식의 껍질을 벗겨내는 역할도 한다.

특유의 안목과 깊이 있는 시선으로 세상 것들과 인간의 영혼을 바라보며 속삭이듯 생명의 노래도 부른다. 맑고 청순한 시어들과 투명한 문장, 때로는 처절하기까지 한 그 영혼의 아우성이 시의 생명과 문학적 품격을 더욱 높인다.

때문에 그의 시를 읽는 동안 가슴이 설레이며 감동

의 물결이 가슴에 와 닿고 어느새 행복해진다.

〈겨울 이야기〉에서 아주 환하게 웃는다. 꽃처럼 풀잎처럼 웃는다. 왜 그는 이처럼 웃는가? 해질 때가 되면 서산의 해가 불이 되듯이 순진무구함 속에서 의외의 심상함이 엿보인다. 겨울 이야기이지만 그 내면의 뿌리는 따뜻하기만 하다.

〈그대와 함께 할 동안에〉라는 시는 전문을 이렇게 시작했다.

그대와 함께할 동안에
다른 사람을 동행하지 말아야 할 때는
누군가 같이 있음으로 해서 이중의 슬픔이 와버릴 때다.

위의 시에서 그는 슬픔을 타인에게 넘기지 않고 혼자 이겨내려는 힘이 엿보이는 듯하다. 누군가와 아픔을 같이 하는 것도 또 하나의 아픔인 것이다. 혼자만의 아픔은 이중의 고통은 없는 것이다.

나누어서 덜어지는 슬픔이 있고 함께하여서 이중의 슬픔으로 가중되어지는 것일지라도 삶을 살아가면서 슬픔이 한번쯤 지나고 나면 작은 기쁨도 크게 오는 것이다. 어찌 기쁨만 추구할 수 있으랴?

아! 생명

왜냐고 묻지 마라
네가 좋았다.

이유 없이
까닭 없이

돌고 도는
인생이 좋다.

옆에 있을 때
곁에 없을 때

틀림없는
행복을 바래

너에게
가는 길이 종점이니까

〈아! 생명〉이란 시를 통해 시인은 돌고 도는 인생을 강조한다. 살다보면 어떤 일이 있을지 모른다. 가는 길에 이유 없고 까닭 없는 인생 같지만 결국 행복을 바라며 앞날을 향해 가는 것이다. 산이 있으면 산을 넘고 바다가 있으면 바다를 넘어 길을 건너 돌아가는 인생길에 살아있는 생명이 좋다는 것이다.

살다가 나쁜 일이 오게 되어도 노력 여하에 따라 좋은 일로 승화할 수 있는 것도 생명이 존재했을 때 일이다.

〈운명〉을 통해 시인은 그리운 것도 외로운 것도 해탈한다고 하였다. 그렇게 가는 인생길은 모든 것을 비워 놓는다는 것과도 흡사하다.

그만큼 그리움이나 외로움을 인간의 마음으로 쉽게 포용할 수 없는 엄청나게 크고 어쩔 수 없는 인간의 원초적 감정이라는 이야기다. 그 치열한 그리움과 외로움을 어찌 억누르고 막아낼 수 있단 말인가?

솨악솨악 몰려오는 바람은 그냥 맞으며 지나가기만을 기다릴 수밖에 없듯이 그리움이나 외로움 또한 그렇게 할 수밖에 없는 것이다.

〈그림자〉에서 사랑하는 당신의 그림자가 되어 그 곁에서 영원히 머물 수 있기를 염원한다. 애타게 갈망한다. 그를 진정 사랑하기 때문이다. 잠시도 떨어져 있는 것이 싫기 때문이다. 사랑이란 그런 것이다. 항상 따라다니는 내 영혼과도 같은 것이다.

〈사랑은〉에서는 그 어떠한 꽃이든 비와 바람과 물이 없이 그냥 피어나는 꽃은 없다 했다. 사랑 또한 그냥 피어나는 것이 아님을 노래한다. 사랑을 피우기 위해 온갖 장애물들과 싸워가며 뿌리를 뻗어야 한다. 가뭄이 묻은 바람과 엄동설한에도 이기고 나와 붉게 피어나는 불굴의 꽃인 것이다. 우리네 삶이란 것도 그렇고 사랑도 그렇다. 고통과 시련. 투쟁이 없는 생이 어디 있으랴? 설령 있다한들 나태함 속에서 무의미할 뿐이다.

사랑은
잡초의 무성함으로 있어야 하지만
장미의 가시다.
어떠한 아픔도 마다하지 않는다.

위의 시 3연에서 그렇게 구사했다. 사랑은 잡초의 무성함으로 있어야 한다. 그러나 가시 돋힌 장미를 끌어들여 시련과 고통을 이겨내는 사랑을 그렸다. 아픔을 딛고 일어선 환희와 승리의 기쁨이 엿보인다.

〈위대한 행복〉에서 우리가 쉽게 넘겨버리기 쉬운 것들 혹은 평범한 일상 속에 참 행복이 있다는 것이다. 사실 참 행복은 외형적으로 큰 것에서 오는 게 아니라 작고 평범한 것에서부터 시작되는 것이다. 그러므로 작고 평범한 것들 속에서 참 행복을 느끼고 발견할 줄 아는 사람이 진정 현명하고 행복한 사람이다. 유치환 시인은 그의 시 〈행복〉에서 보면 /사랑하는 것은/사랑받느니보다/행복하나니라/ 오늘도 나는/ 에메랄드 빛 하늘이/ 환희 내려다뵈는/ 우체국 창문 앞에 와서 너에게 편지를 쓴다./고 노래했듯이 행복은 그리 먼데에 있는 것이 아니라 바로 우리들 가까이에 있는 것이다.

〈생명과 영혼은 하나〉에서 시인은 우리가 살아가면서 가끔씩 생각해 보게 되는 생명이라는 것과 영혼의 의미에 대해 깊이 생각해 보고 있다. 그러면서 인간의 삶과 영혼에 관한 근본문제를 응시한다. 행복과 사랑을 염원하는 시인의 정신이 들어 있다. 인간의 삶을 통해서 바탕이 되고 내면의 깊숙한 곳에 숨겨져 있는 존재가치를 찾으려는 그의 뜨거운 시적 열망이 잘 드러나 있다.

〈비와 무지개〉에서는 그는 비가 온 후 하늘 위에 뜬 무지개를 보면서 느낀 환희와 가슴벅찬 감동, 그리고 가슴 설레이는 황홀감을 노래한다. 황홀할 정도로 아름다운 무지개가 선사하는 꿈과 낭만, 잔잔한 행복을 느끼는 것이다.

〈에덴동산〉에서는 꿈에 그리던 에덴동산을 본다. 아름답고, 감미롭고, 황홀하다. 갖가지 풀꽃들과 꽃사슴, 물고기들, 그리고 바다도 모두 기뻐하며 춤을 추고 있다. 꿈에 그리던 낙원, 혹은 피안의 세계에 와 있는 것 같다. 어쩌면 시름 많고 고단한 현실세계에서 이쪽으로 잠시나마 좌표 이동한 마음의 탈출인지도 모른다.

하긴 시인이 좋은 것은 시를 통해 어디로든 도피할 수 있다는 거다. 상상과 꿈으로 도피하고 싶은 욕망인 것처럼 시를 통해 얼마든지 실현할 수 있는 것이 시인이다. 그리고 시인이 누릴 수 있는 특권이다.

〈미지의 세상〉에서도 이런 특권을 통해 미지의 세상을 바라보며 영혼의 상상이 자유를 만끽한다. 육신은 세상 독에 갇혀 있지만 영혼만큼은 새가 되어 영혼의 하늘 속을 맘껏 날고 있는 것이다. 영혼이 새가 되어 높은 하늘 위에서 세상을 내려다보며 자유와 해방감을 누리는 모습이 보이는 듯하다.

가는 길이 달라도
어차피 마지막은 하나다.

천 갈래 만 갈래

엇갈리는 길이 달라도
어차피 마지막은 하나다.

〈길〉이란 시에서 세상살이의 그 모든 욕망이 바람처럼 흩어지며 결국 마지막 길은 하나임을 역설한다. 바람이 제각기 날리며 흩어졌던 낙엽들이 결국 빗줄기에 휩쓸려 같은 하수구를 들어가는 것처럼 제각기 다른 길을 달려온 우리네 인생길이 마침내 한 곳으로 모이고 그곳에서 우리 모두 같은 길로 들어선다는 것이다. 공평함인가? 아이러니컬한 인간의 종말인가?

〈짝사랑〉을 한다는 것은 깊어가는 외로움 속에서

폭포수처럼 밀려오는 슬픔을 느낀다. 슬픈 사랑을 뱃고동 소리처럼 구슬프게 울어대는 것으로 표현했다. 원망한다는 말은 애절하게 사랑한다는 것이다. 사랑이 없으면 원망도 없다. 다가서지 못하면서 마음으로는 누구보다 가깝게 마음을 몽땅 내던지는 것이다.

〈흐린 날의 영상〉에서 비가 내리는 세상을 노래한 것이다. 눈물이 없는 새가 노래하며 창문을 두들긴다. 솔 나무는 쓸 만한 비목으로 붉은 장미를 따라 오늘도 비가 내린다고 했다. 대자연의 높은 이상을 노래한 시다. 아름다운 들길에서 낙엽이 나부끼는 환희의 전율이 시 속에서 꿈틀댄다. 행복이 울려 퍼지는 그날의 영상이 시 속에 그림처럼 펼쳐져 있다.

이우정의 시는 난해하지 않다. 간단명료하면서도 우리 영혼의 깊은 곳까지 맑게 해주는 산소 같은 느낌을 갖게 한다. 그러면서도 인간적인 훈훈함이 있고 충만한 감성이 있으며 가슴 속을 파고드는 애절함도 있다.

생동감 넘치는 시어(詩語)들로 우리들이 현실적 삶에서 상실한 것들을 문학적으로 다시 복원하려는 의지도 엿보인다. 그의 이러한 의지와 노력이 어둠 속에서 돋아나는 별빛처럼 느껴진다.